AF189439

Impressum
Verlag: BABADADA GmbH, Nedderfeld 112 , 22529 Hamburg
Geschäftsführer / Verlagsleitung: Harald Hof
Druck: Books on Demand GmbH, In de Tarpen 42, 22848 Norderstedt

Imprint
Publisher: BABADADA GmbH, Nedderfeld 112 , 22529 Hamburg, Germany
Managing Director / Publishing direction: Harald Hof
Print: Books on Demand GmbH, In de Tarpen 42, 22848 Norderstedt, Germany

škola

escola

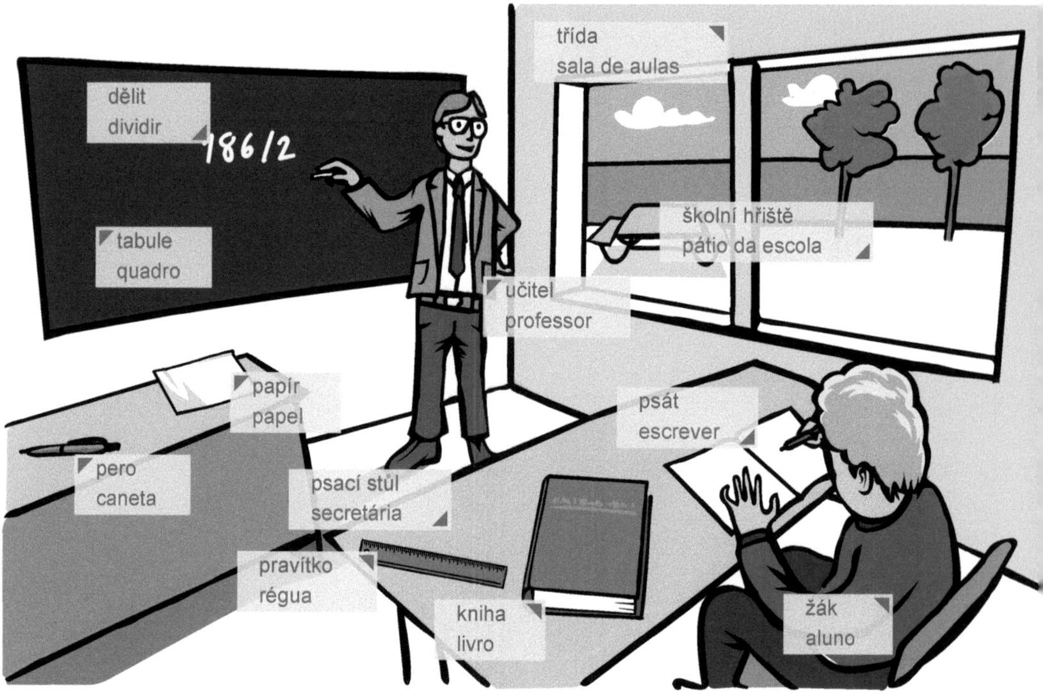
třída
sala de aulas
dělit
dividir
186/2
tabule
quadro
školní hřiště
pátio da escola
učitel
professor
papír
papel
psát
escrever
pero
caneta
psací stůl
secretária
pravítko
régua
kniha
livro
žák
aluno

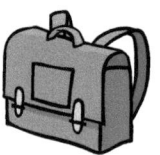

aktovka

mochila

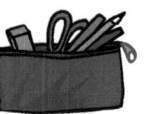

penál

estojo de lápis

tužka

lápis

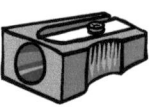

ořezávátko

afia-lápis

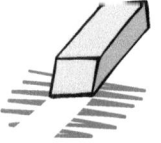

guma

borracha

blok na kreslení

bloco de desenho

výkres

desenho

štětec

pincel

malířské potřeby

caixa de tintas

nůžky

tesoura

lepidlo

cola

cvičebnice

livro de exercícios

domácí úkol

trabalhos de casa

12

počet

número

2+2

sčítat

somar

5-2

odčítat

subtrair

2×2

násobit

multiplicar

počítat

calcular

A

písmeno

letra

ABCDEFG HIJKLMN OPQRSTU VWXYZ

abeceda

alfabeto

hello

slovo

palavra

text
texto

číst
ler

křída
giz

hodina
hora

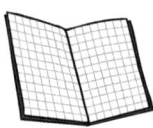

třídní kniha
registo de presenças

zkouška
exame

vysvědčení
certificado

školní uniforma
uniforme escolar

vzdělání
educação

encyklopedie
enciclopédia

univerzita
universidade

mikroskop
microscópio

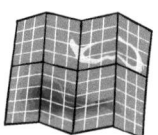

karta
mapa

odpadkový koš na papír
cesto de lixo

cesta
viagem

Grand
hotel
hotel
ubytovna
hostel
ROOMS
směnárna
casa de câmbio
CHANGE
kufr
mala
auto
carro

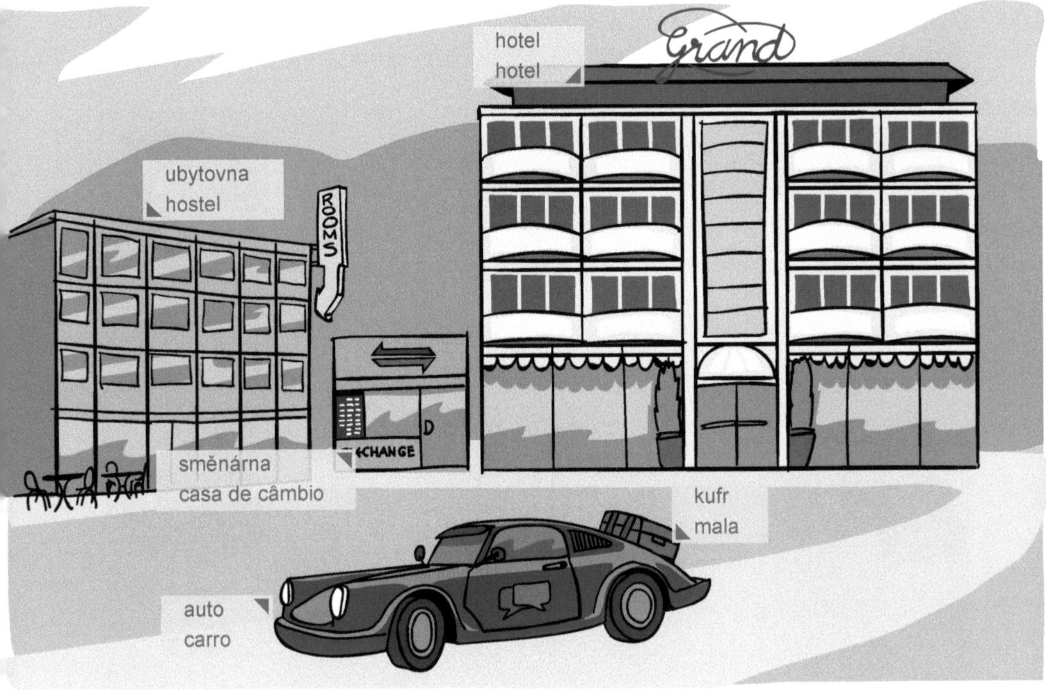

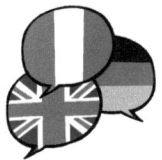

jazyk

idioma

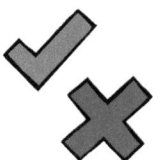

ano / ne

sim / não

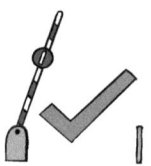

oukej

ok / certo / correto

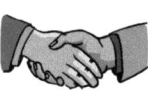

Ahoj!

olá

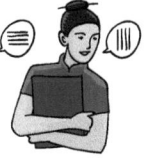

překladatel

intérprete

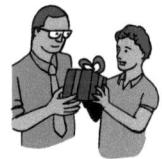

děkuji

obrigado

Kolik stojí...?

quanto é que custa... ?

nerozumím

não entendo

problém

problema

Dobrý večer!

boa noite!

Dobré ráno!

Bom dia!

Dobrou noc!

Boa noite!

na shledanou

adeus

směr

direção

zavazadlo

bagagem

taška

saco

batoh

mochila

host

convidado

pokoj

quarto

spací pytel

saco-cama

stan

tenda

turistické informace

informação turística

pláž

praia

kreditní karta

cartão de crédito

snídaně

pequeno-almoço

oběd

almoço

večeře

jantar

jízdenka

bilhete

výtah

elevador

poštovní známka

selo postal

hranice

fronteira

clo

alfândega

poselství

embaixada

vízum

visto

pas

passaporte

transport
transporte

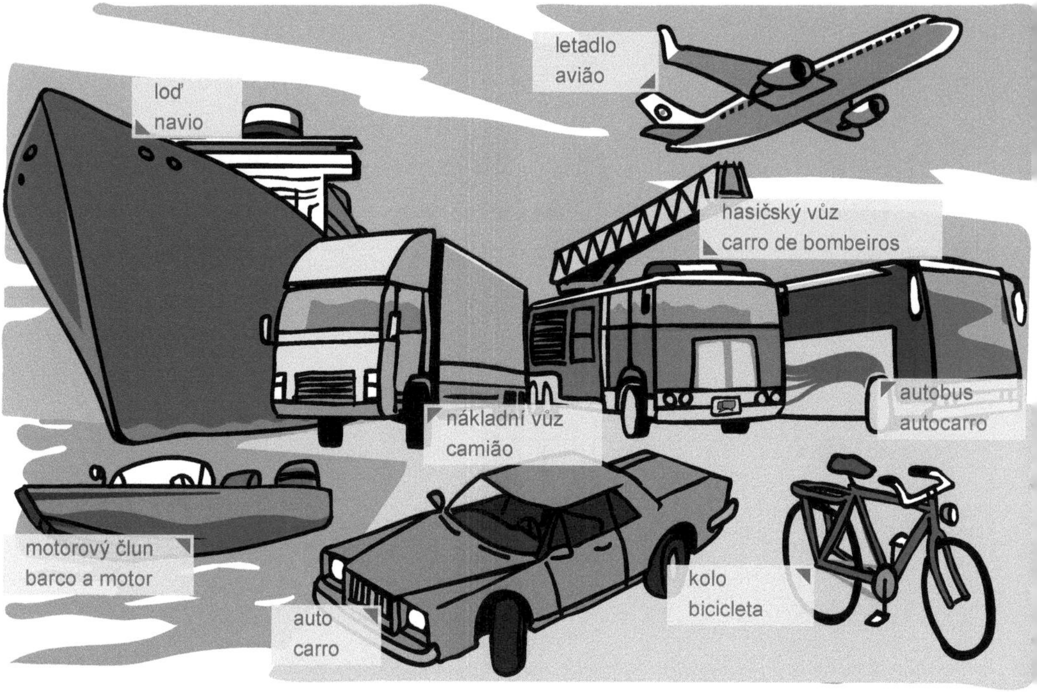
letadlo
avião
loď
navio
hasičský vůz
carro de bombeiros
autobus
autocarro
nákladní vůz
camião
motorový člun
barco a motor
kolo
bicicleta
auto
carro

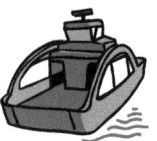

přívoz
cacilheiro

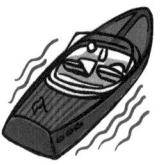

člun
barco

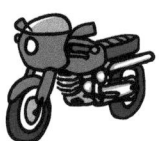

motorka
mota

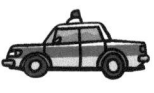

policejní auto
carro de polícia

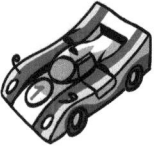

závodní auto
carro de corrida

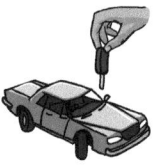

pronajaté auto
carro alugado

sdílení aut

carsharing

odtahová služba

camião de reboque

popelářský vůz

camião do lixo

motor

motor

palivo

combustível

čerpací stanice

estação de serviço

dopravní značka

sinal de trânsito

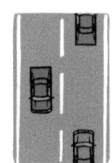

doprava

trânsito

dopravní zácpa

congestionamento de trânsito

parkoviště

parque de estacionamento

vlakové nádraží

estação ferroviária

koleje

carris

vlak

comboio

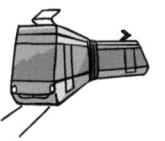

tramvaj

elétrico

vagón

carruagem

helikoptéra

helicóptero

letiště

aeroporto

věž

torre

pasažér

passageiro

kontejner

contentor

kartón

caixa de papelão

trakař

carrinho

koš

cesto

vzlétnout / přistát

levantar voo / aterrar

město
cidade

vesnice

aldeia

střed města

centro da cidade

dům

casa

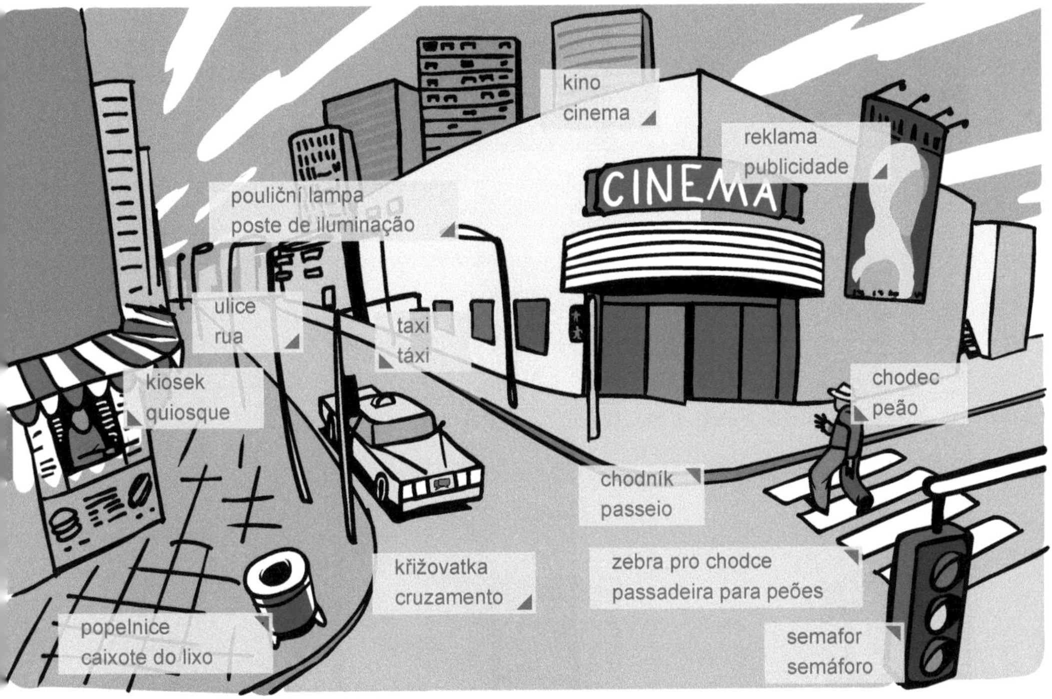

kino
cinema
reklama
publicidade
CINEMA
pouliční lampa
poste de iluminação
ulice
rua
taxi
táxi
kiosek
quiosque
chodec
peão
chodník
passeio
křižovatka
cruzamento
zebra pro chodce
passadeira para peões
popelnice
caixote do lixo
semafor
semáforo

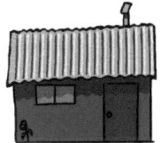

chata

cabana

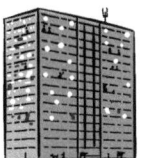

byt

apartamento

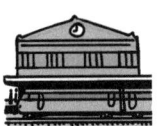

vlakové nádraží

estação ferroviária

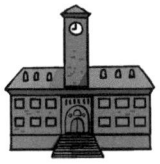

radnice

câmara municipal

MUSEUM

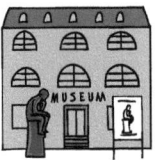

muzeum

museu

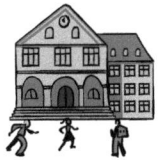

škola

escola

univerzita

universidade

banka

banco

nemocnice

hospital

hotel

hotel

lékárna

farmácia

kancelář

escritório

knihkupectví

livraria

obchod

loja

květinářství

florista

supermarket

supermercado

tržnice

mercado

obchodní dům

loja de departamentos

rybárna

peixaria

nákupní centrum

centro comercial

přístav

porto

park

parque

lavička

banco

most

ponte

schody

escadas

metro

metro

tunel

túnel

autobusová zastávka

paragem de autocarro

bar

bar

restaurace

restaurante

poštovní schránka

caixa de correio

pouliční tabule

sinal de trânsito

parkovací hodiny

parquímetro

zoo

jardim zoológico

plovárna

piscina

mešita

mesquita

usedlost
....
quinta

znečišťování životního
prostředí
....
poluição

hřbitov
....
cemitério

církev
....
igreja

hřiště
....
parque infantil

chrám
....
templo

krajina

paisagem

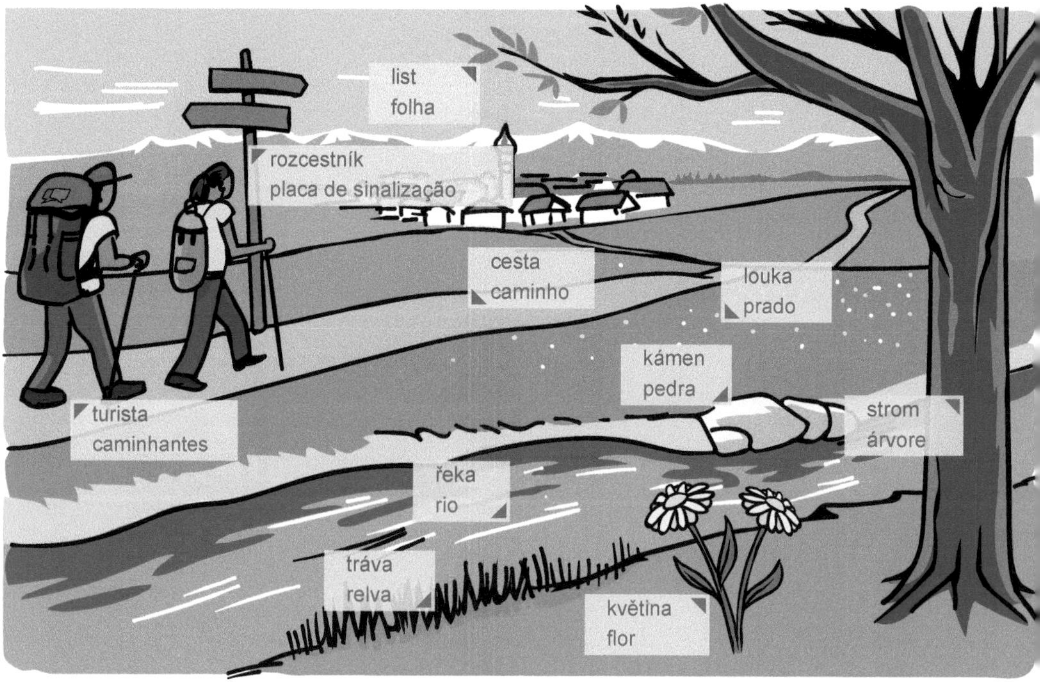

list
folha

rozcestník
placa de sinalização

cesta
caminho

louka
prado

kámen
pedra

turista
caminhantes

strom
árvore

řeka
rio

tráva
relva

květina
flor

údolí
vale

hora
montanha

jezero
lago

les
floresta

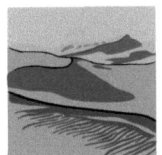

poušť
deserto

sopka
vulcão

zámek
castelo

duha
arco-íris

houba
cogumelo

palma
palma

komár
mosquito

moucha
mosca

mravenec
formiga

včela
abelha

pavouk
aranha

brouk
besouro

žába
sapo

veverka
esquilo

ježek
ouriço

zajíc
lebre

sova
coruja

pták
pássaro

labuť
cisne

divoké prase
javali

jelen
veado

los
alce

přehrada
barragem

větrné kolo
turbina eólica

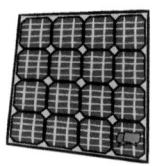

solární panel
painel solar

podnebí
clima

čišník
empregado de mesa

jídelní lístek
menu

židle
cadeira

polévka
sopa

pizza
pizza

příbor
talheres

ubrus
toalha de mesa

předkrm
entrada

hlavní chod
prato principal

dezert
sobremesa

nápoje
bebidas

jídlo
comida

láhev
garrafa

rychlé občerstvení

fast food

pouliční občerstvení

comida de rua

čajová konvice

bule de chá

cukřenka

açucareiro

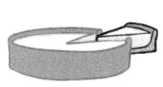

porce

porção

kávovar na espresso

máquina de café expresso

dětská stolička

cadeira alta

faktura

conta

tác

bandeja

nůž

faca

vidlička

garfo

lžíce

colher

čajová lyžička

colher de chá

ubrousek

guardanapo

sklenička

copo

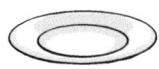

talíř
prato

talíř na polévku
prato de sopa

podšálek
pires

omáčka
molho

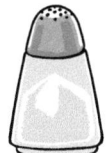

slánka
saleiro

mlýnek na pepř
moinho de pimenta

ocet
vinagre

olej
óleo

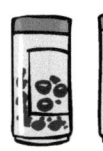

koření
especiarias

kečup
ketchup

hořčice
mostarda

majonéza
maionese

supermarket
supermercado

nabídka
oferta especial
FOR
zákazník
cliente
mléčné výrobky
laticínios
ovoce
fruta
nákupní vozík
carrinho de compras

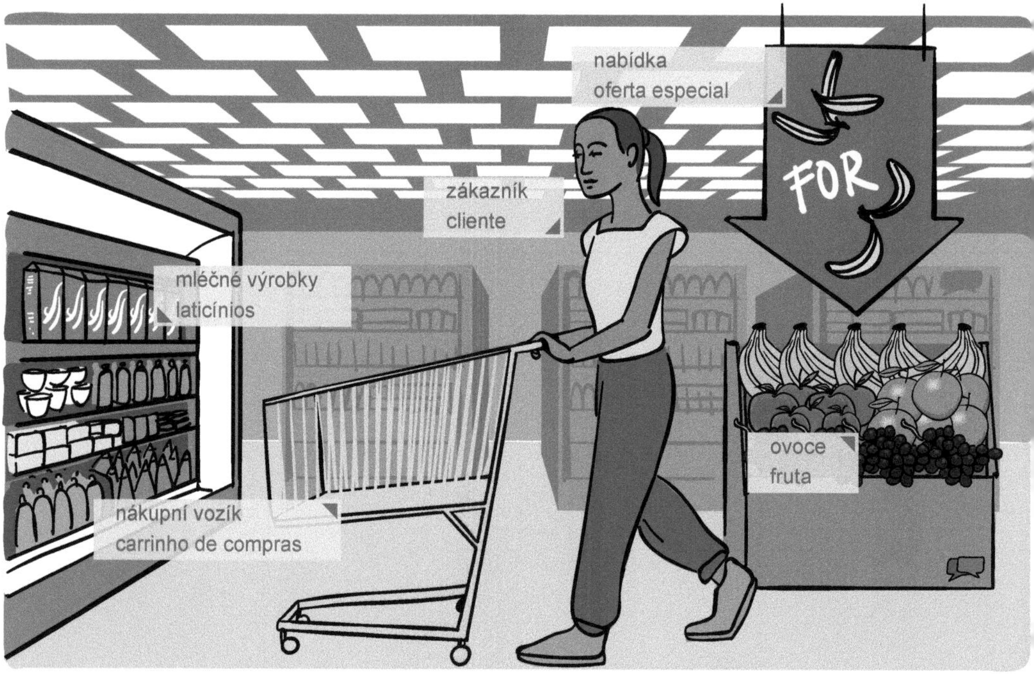

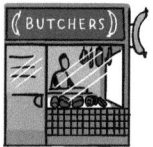

BUTCHERS

masna
talho

BAKERY

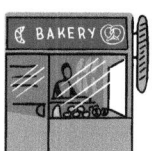

pekařství
padaria

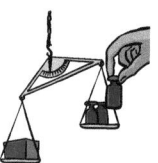

vážit
pesar

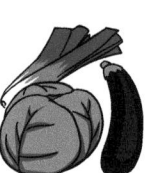

zelenina
vegetais

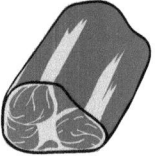

maso
carne

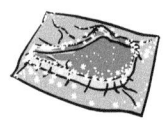

mražené potraviny
alimentos congelados

obložený talíř

charcutaria

konzervy

comida enlatada

prací prášek

detergente em pó

cukrovinky

doces

výrobky pro domácnost

artigos domésticos

čisticí prostředek

produtos de limpeza

prodavačka

vendedora

pokladna

caixa

pokladní

caixa

nákupní seznam

lista de compras

otevírací doba

horário de funcionamento

peněženka

carteira

kreditní karta

cartão de crédito

taška

saco

igelitová taška

saco de plástico

voda

água

džus

sumo

mléko

leite

kola

coca-cola

víno

vinho

pivo

cerveja

alkohol

álcool

kakao

cacau

čaj

chá

káva

café

espresso

café expresso

kapučíno

capuccino

banán

banana

jablko

maçã

pomeranč

laranja

meloun

melão

citrón

limão

mrkev

cenoura

česnek

alho

bambus

bambu

cibule

cebola

houba

cogumelo

ořechy

nozes

těstoviny

talharim

špageti

esparguete

rýže

arroz

salát

salada

hranolky

batatas fritas

americké brambory

batatas fritas

pizza

pizza

hamburger

hambúrguer

sendvič

sanduíche

řízek

bife panado

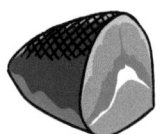

šunka

fiambre

salám

salame

salám

salsicha

kuře

galinha

pečeně

assado

ryby

peixe

jídlo - comida

ovesné vločky

flocos de aveia

müsli

muesli

vločky

flocos de milho

mouka

farinha

croissant

croissant

houska

carcaça (pãozinho)

chléb

pão

toast

torrada

sušenky

biscoitos

máslo

manteiga

tvaroh

requeijão

buchta

bolo

vejce

ovo

volské oko

ovo estrelado

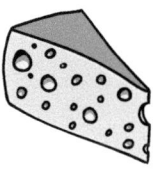

sýr

queijo

zmrzlina

gelado

cukr

açúcar

med

mel

marmeláda

compota

nugátový krém

creme de nougat

kari

caril

usedlost

quinta

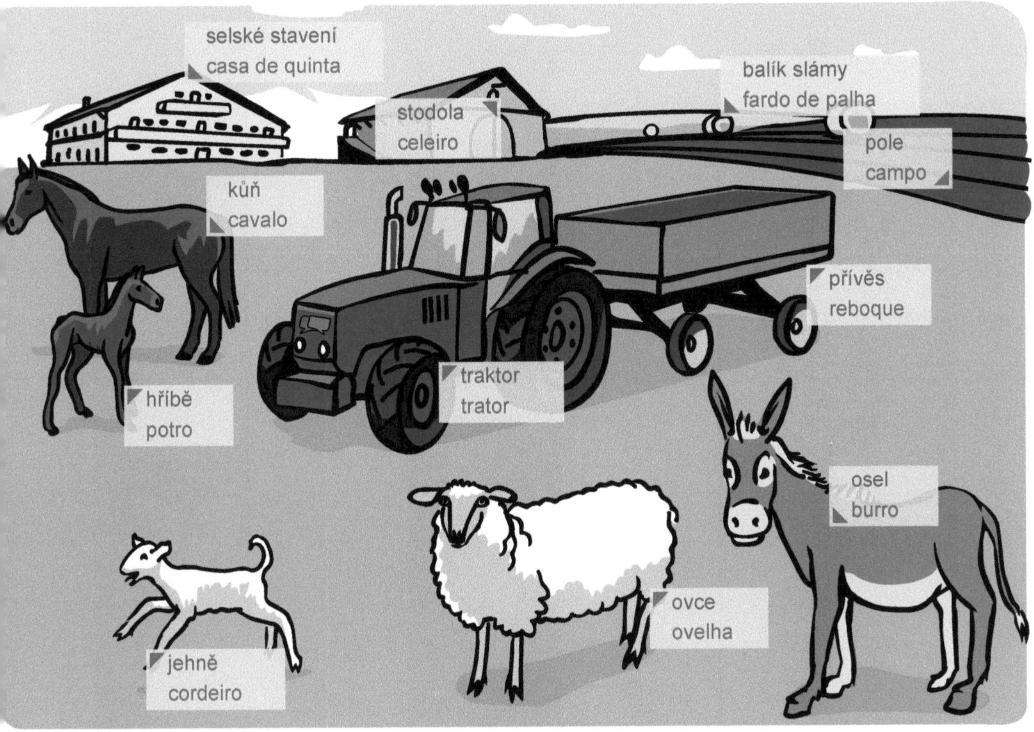
selské stavení
casa de quinta
stodola
celeiro
balík slámy
fardo de palha
pole
campo
kůň
cavalo
přívěs
reboque
hříbě
potro
traktor
trator
osel
burro
ovce
ovelha
jehně
cordeiro

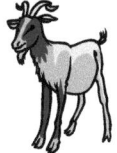

koza

cabra

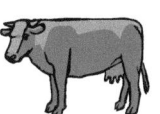

kráva

vaca

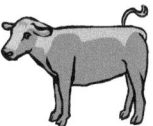

tele

bezerro

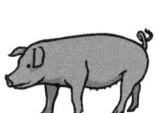

prase

porco

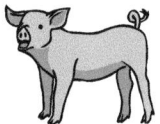

sele

leitão

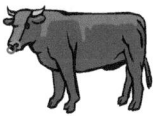

býk

touro

husa

ganso

kachna

pato

kuře

pintaínho

slepice

galinha

kohout

galo

krysa

ratazana

kočka

gato

myš

rato

vůl

boi

pes

cão

psí bouda

casota

zahradní hadice

mangueira de jardim

kropicí konev

regador

kosa

foice

pluh

arado

srp
foice

motyka
enxada

vidle
forquilha

sekera
machado

kolecko
carrinho de mão

koryto
manjedoura

konev na mléko
jarro de leite

pytel
saco

plot
cerca

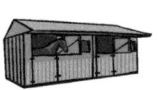

stáj
estábulo

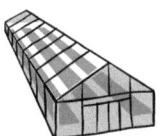

skleník
estufa

půda
solo

osivo
semente

hnojivo
fertilizante

kombajn
ceifeira-debulhadora

sklidit
colher

sklizeň
colheita

smldinec
inhame

pšenice
trigo

sója
soja

brambora
batata

kukuřice
milho

řepka
colza

ovocný strom
árvore de fruto

maniok
mandioca

obilí
cereais

dům
casa

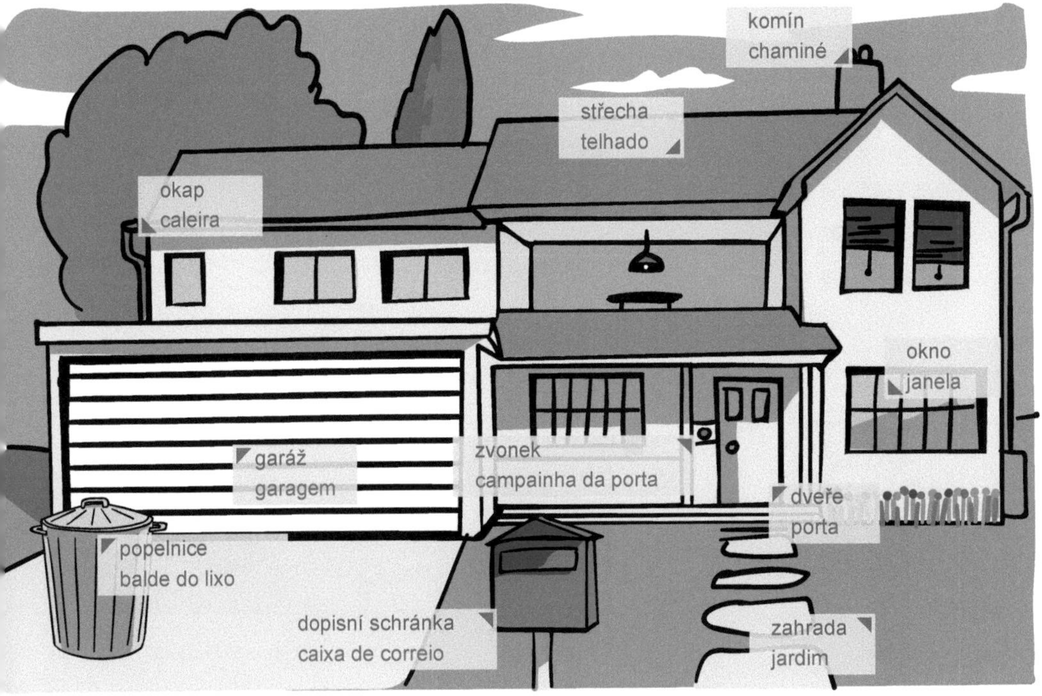
komín
chaminé
střecha
telhado
okap
caleira
okno
janela
zvonek
campainha da porta
garáž
garagem
dveře
porta
popelnice
balde do lixo
dopisní schránka
caixa de correio
zahrada
jardim

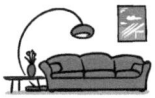

obývací pokoj

sala de estar

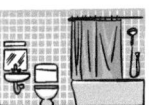

koupelna

casa de banho

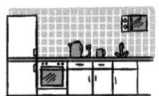

kuchyně

cozinha

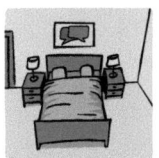

ložnice

quarto de dormir

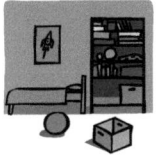

dětský pokoj

quarto de criança

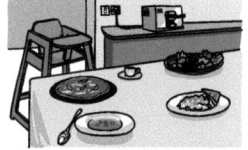

jídelna

sala de jantar

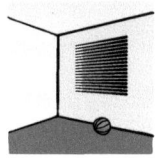

podlaha

chão

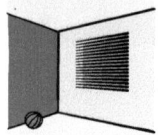

zeď

parede

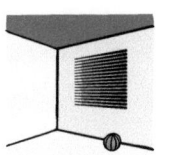

deka

teto

sklep

cave

sauna

sauna

balkón

varanda

terasa

terraço

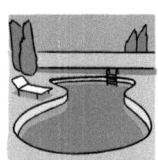

bazén

piscina

sekačka na trávu

máquina de cortar relvado

ložní prádlo

lençol

lůžková přikrývka

cobertor

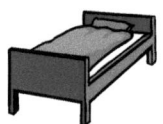

postel

cama

smeták

vassoura

kýbl

balde

vypínač

interruptor

obývací pokoj
sala de estar

tapeta
papel de parede
obrázek
imagem
žárovka
lâmpada
police
prateleira
skříň
armário
televizor
televisão
komín
lareira
květina
flor
polštář
almofada
gauč
sofá
váza
vaso
dálkový ovladač
controlo remoto

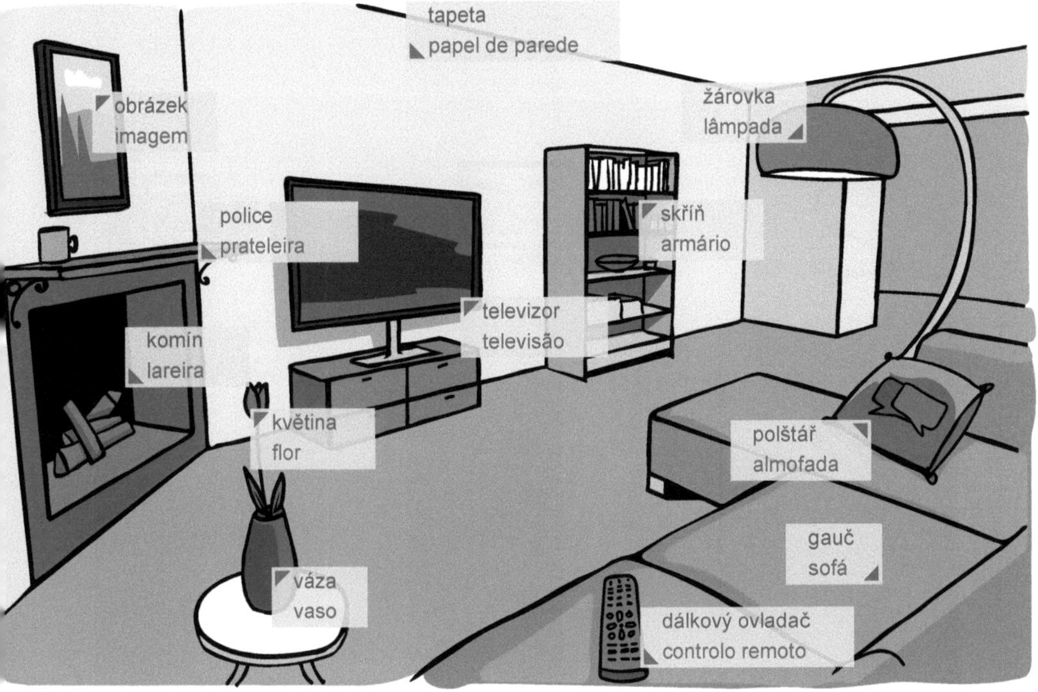

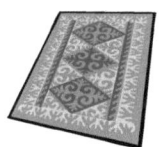

koberec
tapete

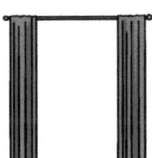

závěs
cortina

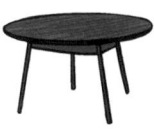

stůl
mesa

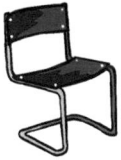

židle
cadeira

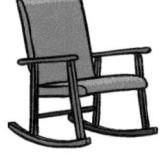

houpací křeslo
cadeira de baloiço

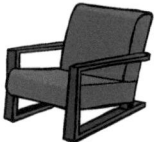

křeslo
poltrona

kniha

livro

strop

cobertor

ozdoba

decoração

palivové dříví

lenha

film

filme

stereo souprava

sistema estéreo

klíč

chave

noviny

jornal

malba

pintura

plakát

póster

rádio

rádio

poznámkový blok

bloco de notas

vysavač

aspirador

kaktus

cato

svíce

vela

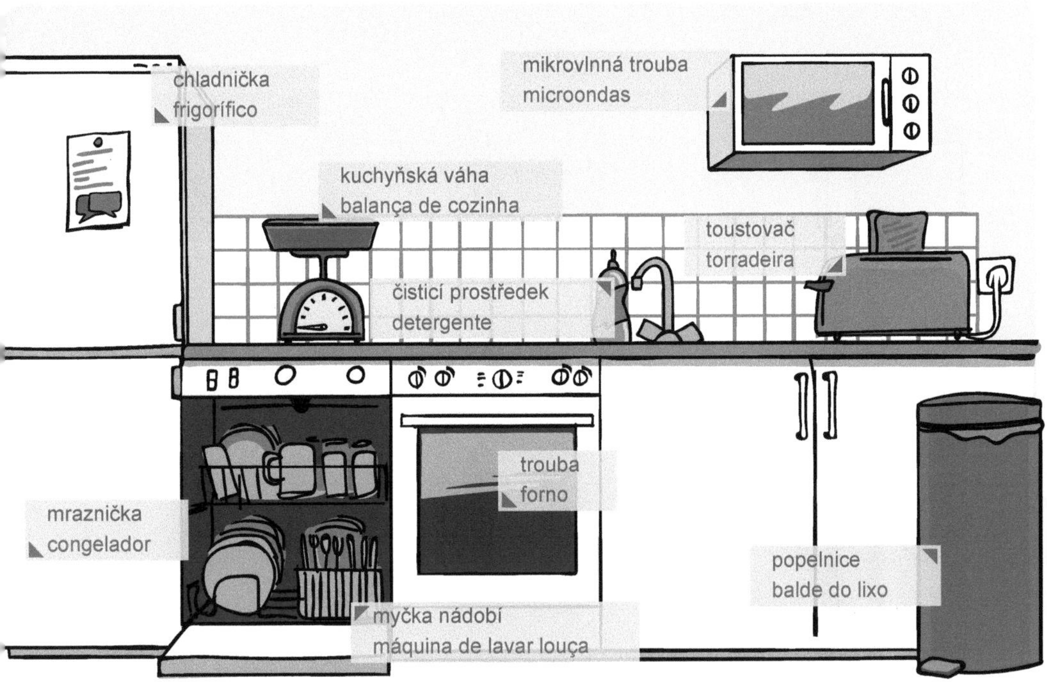

chladnička
frigorífico

mikrovlnná trouba
microondas

kuchyňská váha
balança de cozinha

toustovač
torradeira

čisticí prostředek
detergente

trouba
forno

mraznička
congelador

popelnice
balde do lixo

myčka nádobí
máquina de lavar louça

sporák

fogão

hrnec

panela

litinový hrnec

panela de ferro

wok / kadai

wok / kadai

pánev

frigideira

varná konvice

chaleira

parní hrnec

panela a vapor

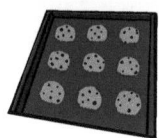

plech na pečení

tabuleiro de forno

nádobí

louça

hrnek

caneca

miska

tigela

jídelní hůlky

pauzinhos

naběračka

concha de sopa

obracečka

espátula

metla

batedor de claras

síto

escorredor

cedník

peneira

struhadlo

ralador

hmoždíř

almofariz

gril

churrasqueira

ohniště

lareira

prkénko na krájení

tábua de cortar

váleček na těsto

rolo da massa

vývrtka

saca-rolhas

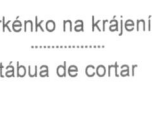

dóza

lata

otvírák na konzervy

abridor de latas

chňapka

luvas de forno

umyvadlo

lava-loiça

kartáč na nádobí

escova

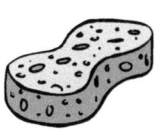

houba

esponja

mixér

liquidificador

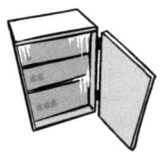

mrazák

arca frigorífica

dětská lahev

biberão

kohoutek

torneira

koupelna

casa de banho

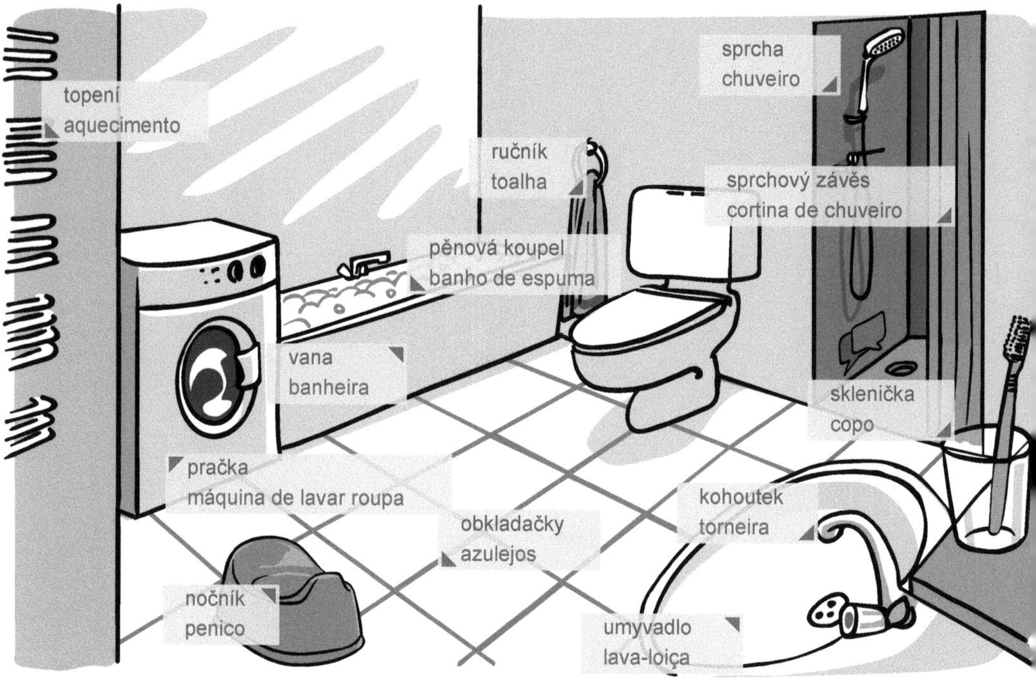

sprcha
chuveiro
topení
aquecimento
ručník
toalha
sprchový závěs
cortina de chuveiro
pěnová koupel
banho de espuma
vana
banheira
sklenička
copo
pračka
máquina de lavar roupa
kohoutek
torneira
obkladačky
azulejos
nočník
penico
umyvadlo
lava-loiça

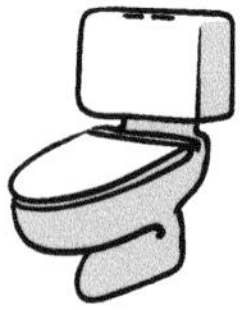

záchod

sanita

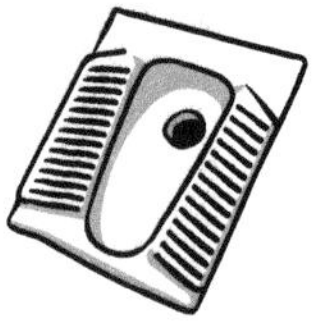

turecký záchod

retrete turca

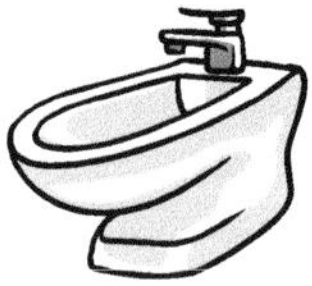

bidet

bidé

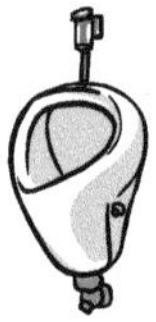

pisoár

urinol

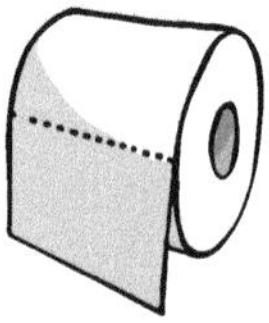

toaletní papír

papel higiénico

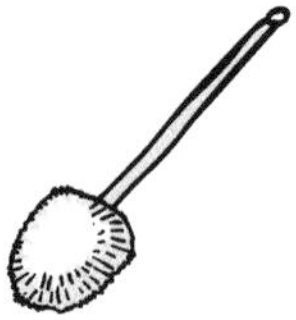

záchodová štětka

piaçaba

zubní kartáček

escova de dentes

zubní pasta

pasta de dentes

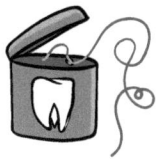

zubní niť

fio dentário

mýt

lavar

ruční sprcha

chuveiro de mão

intimní sprcha

duche íntimo

umyvadlo

bacia

kartáč na záda

escova para as costas

mýdlo

sabonete

sprchový gel

gel de banho

šampón

champô

žínka

toalha de rosto

odpad

escoamento

krém

creme

deodorant

desodorizante

zrcadlo

espelho

kosmetické zrcátko

espelho de mão

holicí strojek

máquina de barbear

pěna na holení

creme de barbear

voda po holení

loção pós-barba

hřeben

pente

kartáč

escova

fén

secador de cabelo

lak na vlasy

spray de cabelo

makeup

maquilhagem

rtěnka

batom

lak na nehty

verniz de unhas

vata

algodão

nůžky na nehty

tesoura para unhas

parfém

perfume

taška s toaletními potřebami
....
nécessaire

stolička
....
tamborete

váha
....
balança

župan
....
roupão de banho

gumové rukavice
....
luvas de borracha

tampón
....
tampão

dámská vložka
....
penso higiénico

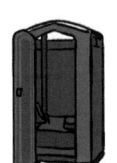

chemická toaleta
....
WC químico

dětský pokoj
quarto de criança

budík
despertador
plyšová hračka
peluche
autíčko
carro de brincar
chrastítko
chocalho
domeček pro panenky
casa de bonecas
dárek
presente

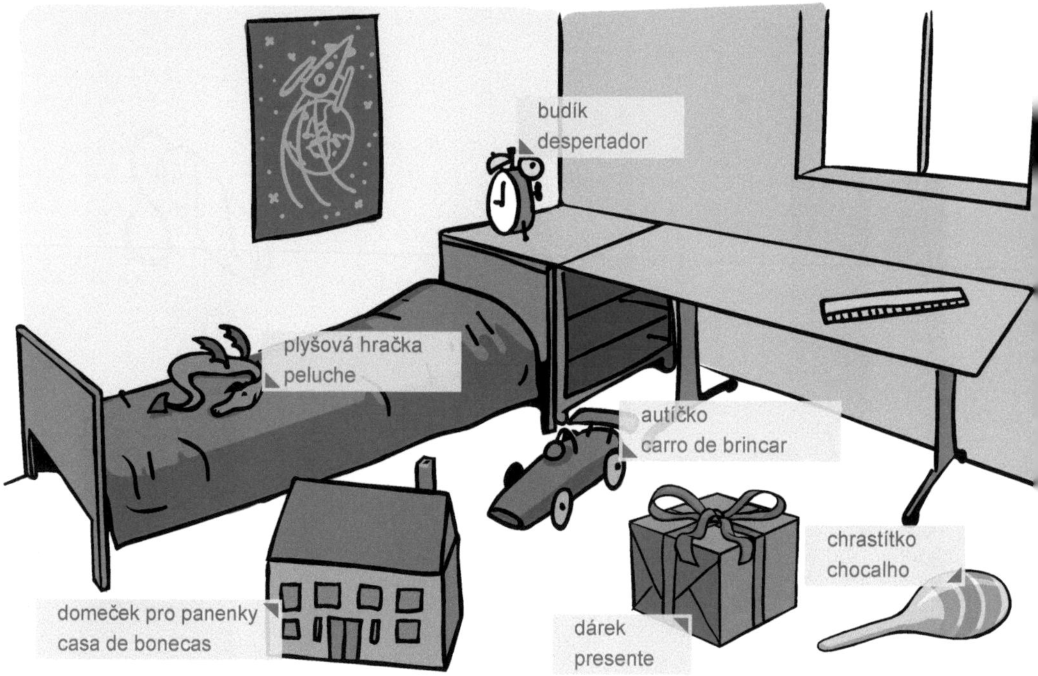

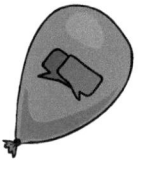

balón
balão

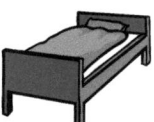

postel
cama

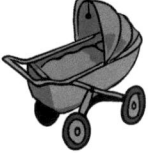

kočárek
carrinho de bebé

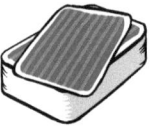

balíček karet
jogo de cartas

puzzle
quebra-cabeças

SUPER
MEGA

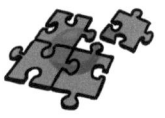

komiks
banda desenhada

lego kostky

peças de Lego

stavebnice

blocos de construção

akční figurka

figura de ação

dupačky

fato de bebé

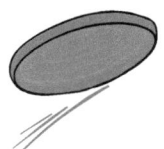

frisbee

Frisbee

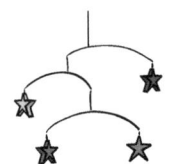

závěsné hračky nad postýlku

móbile para bebé

desková hra

jogo de tabuleiro

kostky

dados

modelová železnice

pista de comboio elétrico

dudlík

chupeta

oslava

festa

obrázková kniha

livro ilustrado

míč

bola

panenka

boneca

hrát si

jogar

pískoviště

caixa de areia

houpačka

baloiço

hračky

brinquedos

hrací konzole

consola de jogos

tříkolka

triciclo

medvídek

ursinho de peluche

šatník

guarda-roupa

oblečení

vestuário

ponožky

meias

punčochy

meias pelo joelho

punčochové kalhoty

meias-calças

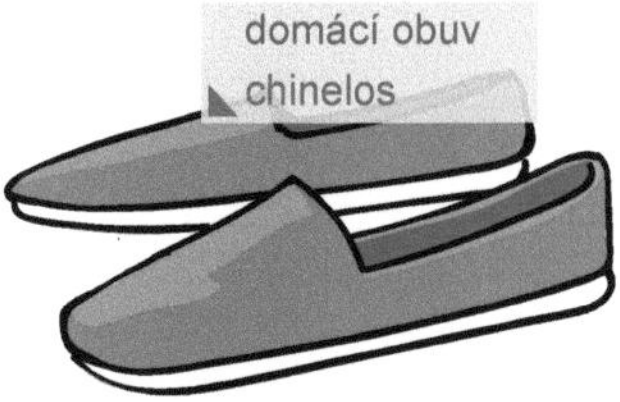

šála
cachecol

deštník
guarda-chuva

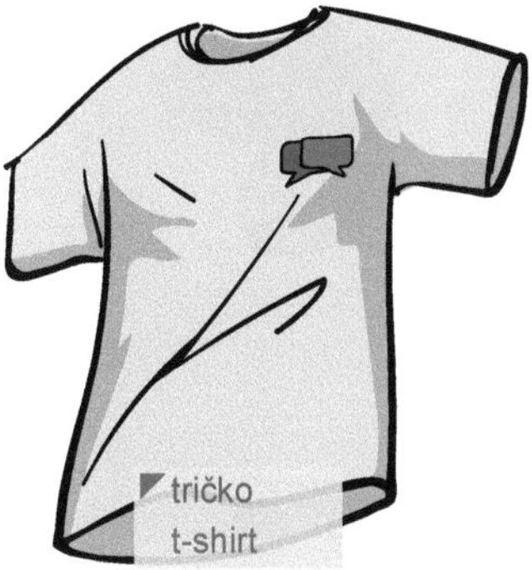

pásek
cinto

tričko
t-shirt

kozačky
botas

domácí obuv
chinelos

tenisky
sapatilhas

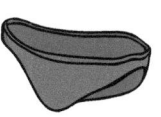

sandály
sandálias

obuv
sapatos

holínky
botas de borracha

spodní prádlo
cuecas

podprsenka
sutiã

nátělník
camisola interior

oblečení - vestuário

body
body

kalhoty
calças

džíny
calças de ganga

sukně
saia

blůza
blusa

košile
camisa

svetr
pulôver

mikina
camisola com capuz

blejzr
blazer

bunda
casaco

kabát
manto

pláštěnka
gabardina

kostým
traje

šaty
vestido

svatební šaty
vestido de casamento

oblek
fato

noční košile
camisa de dormir

pyžamo
pijama

sárí
sari

šátek na hlavu
lenço de cabeça

turban
turbante

burka
burca

kaftan
cafetã

abája
abaya

plavky
fato de banho

pánské plavky
calções de banho

kraťasy
calções

teplákova souprava
fato de treino

zástěra
avental

rukavice
luvas

knoflík

botão

brýle

óculos

náramek

pulseira

náhrdelník

colar

prsten

anel

náušnice

brinco

čepice

boné

ramínko

cabide

klobouk

chapéu

kravata

gravata

zip

fecho de correr

helma

capacete

kšandy

suspensórios

školní uniforma

uniforme escolar

uniforma

uniforme

oblečení - vestuário

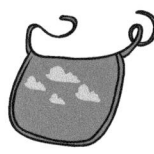

bryndák

babete

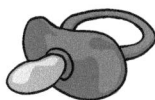

dudlík

chupeta

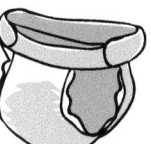

plena

fralda

kancelář
escritório

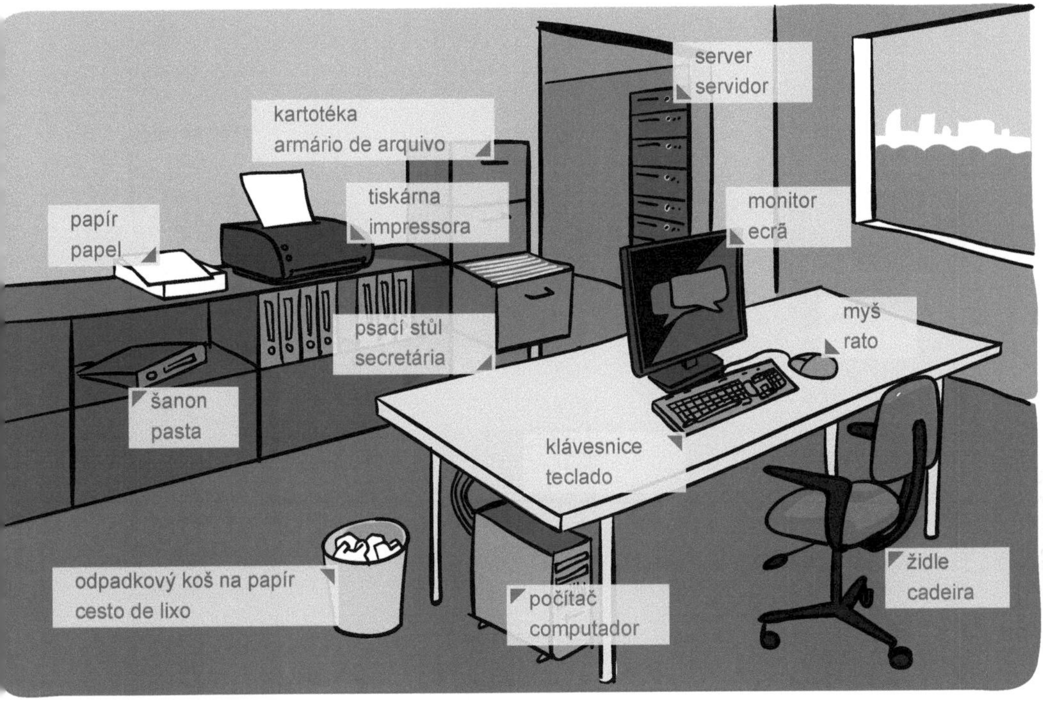

server
servidor
kartotéka
armário de arquivo
tiskárna
impressora
papír
papel
monitor
ecrã
myš
rato
psací stůl
secretária
šanon
pasta
klávesnice
teclado
odpadkový koš na papír
cesto de lixo
počítač
computador
židle
cadeira

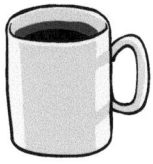

hrnek na kávu

caneca de café

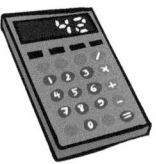

kalkulačka

calculadora

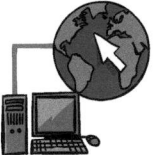

internet

internet

notebook

computador portátil

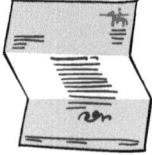

dopis

carta

zpráva

mensagem

mobil

telemóvel

síť

rede

kopírka

fotocopiadora

software

software

telefon

telefone

zásuvka

tomada elétrica

fax

fax

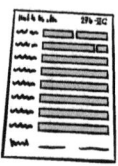

formulář

formulário

dokument

documento

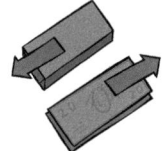

nakupovat

comprar

zaplatit

pagar

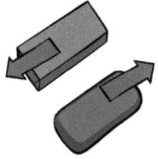

jednat

negociar

peníze

dinheiro

 USD

dolar

dólar

 EUR

euro

euro

 JPY

jen

yen

 RUB

rubl

rublo

 CHF

frank

franco suíço

 CNY

juan

renminbi yuan

 INR

rupie

rupia

bankomat

caixa de multibanco

směnárna

casa de câmbio

zlato

ouro

stříbro

prata

olej

petróleo

energie

energia

cena

preço

smlouva

contrato

daň

imposto

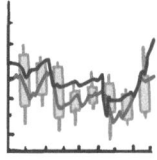

akcie

ação

pracovat

trabalhar

zaměstnanec

empregado

zaměstnavatel

entidade patronal

továrna

fábrica

obchod

loja

policista
agente da polícia

hasič
bombeiro

pilot
piloto

kuchař
cozinheiro

lékař
médico

zahradník

jardineiro

truhlář

carpinteiro

švadlena

costureira

soudce

juiz

chemik

químico

herec

ator

řidič autobusu

motorista de autocarro

řidič taxi

motorista de táxi

rybář

pescador

uklízečka

empregada de limpeza

pokrývač

telhador

číšník

empregado de mesa

myslivec

caçador

malíř

pintor

pekař

padeiro

elektrikář

eletricista

stavební dělník

construtor

inženýr

engenheiro

řezník

talhante

klempíř

canalizador

listonoš

carteiro

voják

soldado

architekt

arquiteto

pokladní

caixa

florista

florista

kadeřník

cabeleireiro

průvodčí

controlador de bilhetes

mechanik

mecânico

kapitán

capitão

zubař

dentista

vědec

cientista

rabín

rabino

imám

imã

mnich

monge

duchovní

pastor

nářadí
ferramentas

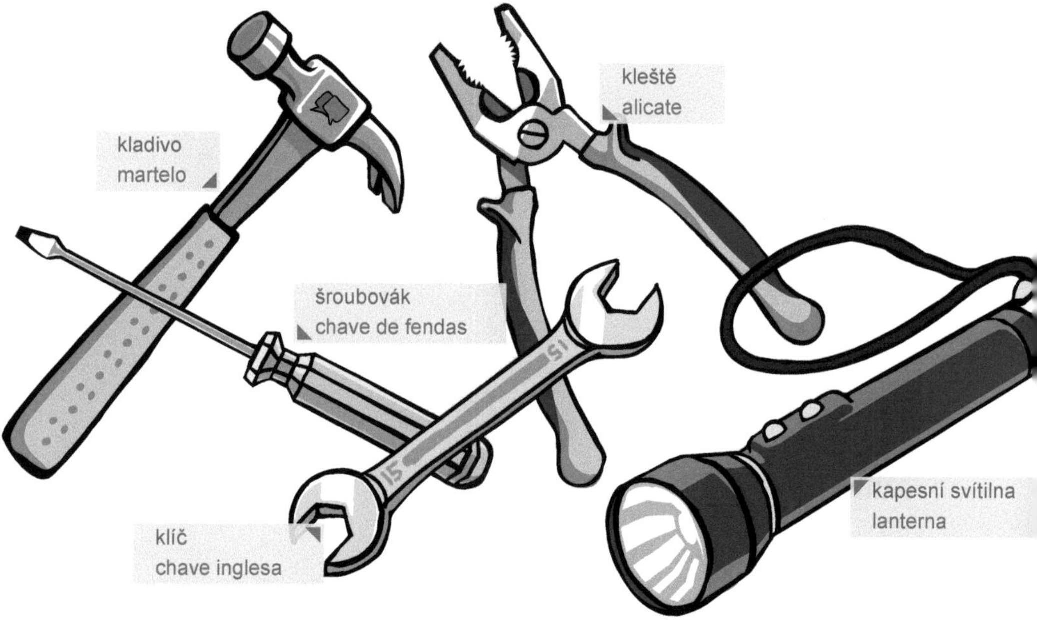
kladivo
martelo
kleště
alicate
šroubovák
chave de fendas
klíč
chave inglesa
kapesní svítilna
lanterna

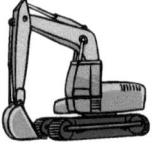

bagr
escavadora

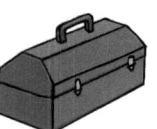

skříň na nářadí
caixa de ferramentas

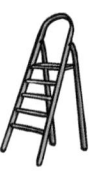

žebřík
escadote

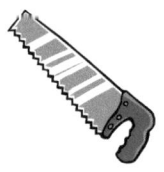

pila
serra

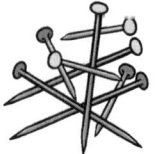

hřebíky
pregos

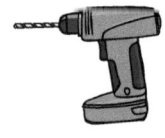

vrtačka
broca

opravit
....
reparar

lopata
....
pá

Kurva!
....
porcaria!

lopatka
....
pá de lixo

vědroé na barvu
....
pote de tinta

šrouby
....
parafusos

hudební nástroje
instrumentos musicais

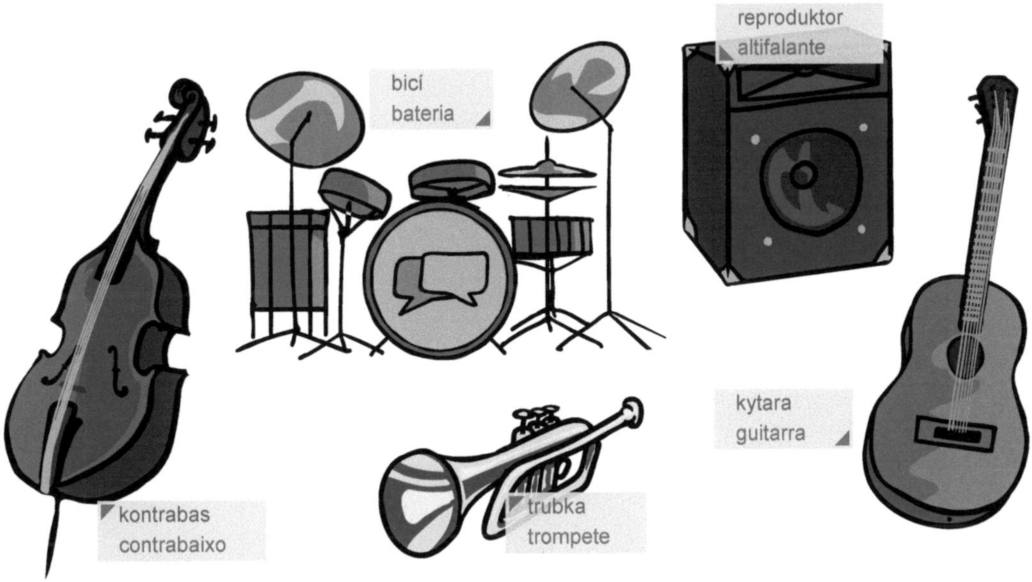

bicí
bateria

reproduktor
altifalante

kytara
guitarra

kontrabas
contrabaixo

trubka
trompete

klavír

piano

housle

violino

basa

baixo

tympán

timbales

bubny

tambor

keyboard

teclado

saxofon

saxofone

flétna

flauta

mikrofon

microfone

zoo
jardim zoológico

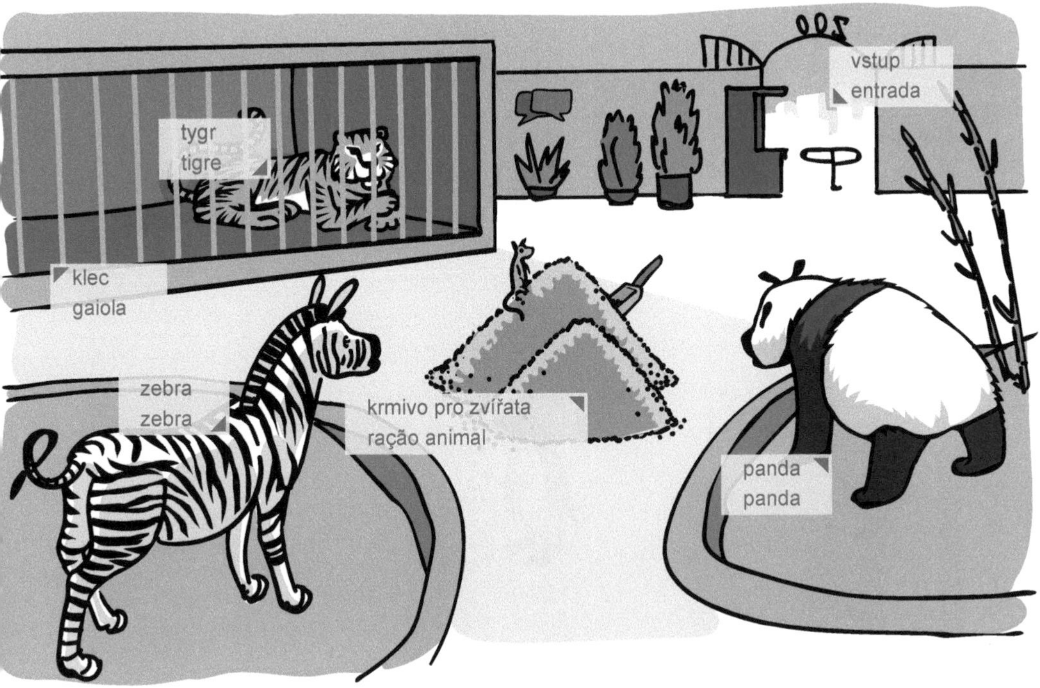
vstup
entrada
tygr
tigre
klec
gaiola
zebra
zebra
krmivo pro zvířata
ração animal
panda
panda

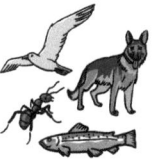

zvířata

animais

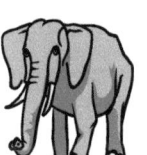

slon

elefante

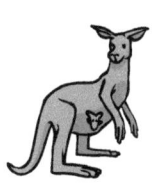

klokan

canguru

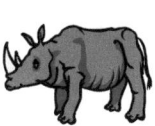

nosorožec

rinoceronte

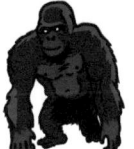

gorila

gorila

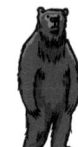

medvěd

urso

velbloud

camelo

pštros

avestruz

lev

leão

opice

macaco

plameňák

flamingo

papoušek

papagaio

lední medvěd

urso polar

tučňák

pinguim

žralok

tubarão

páv

pavão

had

cobra

krokodýl

crocodilo

ošetřovatel zvířat

guarda do jardim zoológico

tuleň

foca

jaguár

jaguar

poník
pónei

leopard
leopardo

hroch
hipopótamo

žirafa
girafa

orel
águia

divoké prase
javali

ryby
peixe

želva
tartaruga

mrož
morsa

liška
raposa

gazela
gazela

americký fotbal
futebol americano

cyklistika
ciclismo

tenis
ténis

košíková
basquetebol

plavání
natação

box
boxe

lední hokej
hóquei no gelo

kopaná
………………
futebol

badminton
………………
badminton

lehká atletika
………………
atletismo

házená
………………
andebol

běh na lyžích
………………
esqui

vodní pólo
………………
polo

aktivity
atividades

skočit
saltar
zpívat
cantar
objímat
abraçar
smát se
rir
jít
andar
modlit se
rezar
políbit
beijar
snít
sonhar

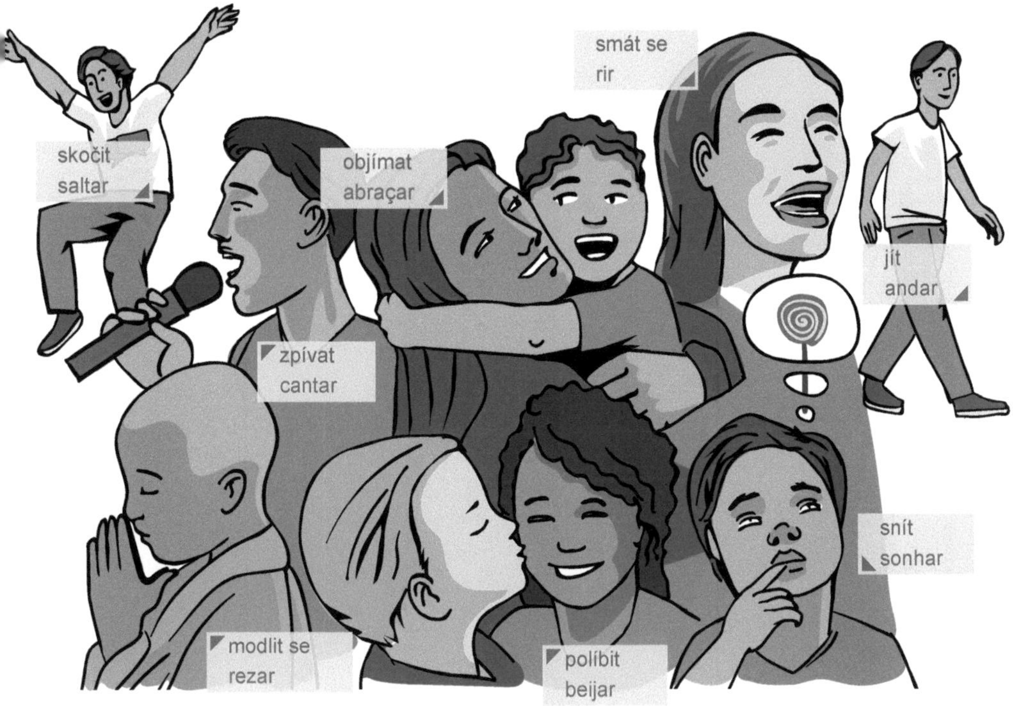

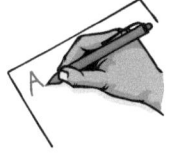

psát
escrever

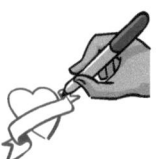

kreslit
desenhar

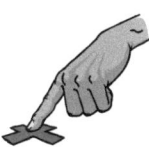

ukazovat
mostrar

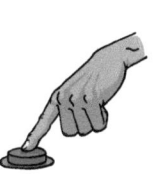

tlačit
empurrar

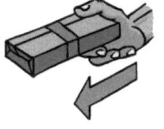

dát
dar

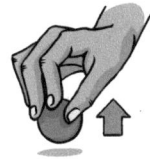

vzít si
tomar

mít

ter

dělat

fazer

být

ser

stát

ficar de pé

běhat

correr

táhnout

puxar

hodit

remessar

padat

cair

ležet

deitar

čekat

esperar

nosit

carregar

sedět

sentar

oblékat

vestir

spát

dormir

vzbudit se

acordar

prohlédnout si

olhar para

plakat

chorar

pohladit

acariciar

česat

pentear

hovořit

falar

rozumět

compreender

ptát se

perguntar

slyšet

ouvir

pít

beber

jíst

comer

uklidit

arrumar

milovat

amar

vařit

cozinhar

jet

conduzir

letět

voar

plachtit

velejar

počítat

calcular

číst

ler

učit se

aprender

pracovat

trabalhar

vzít si

casar

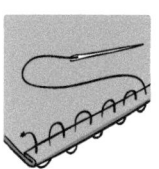

šít

costurar

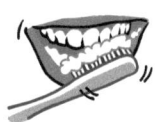

čistit si zuby

escovar os dentes

zabít

matar

kouřit

fumar

poslat

enviar

rodina
família

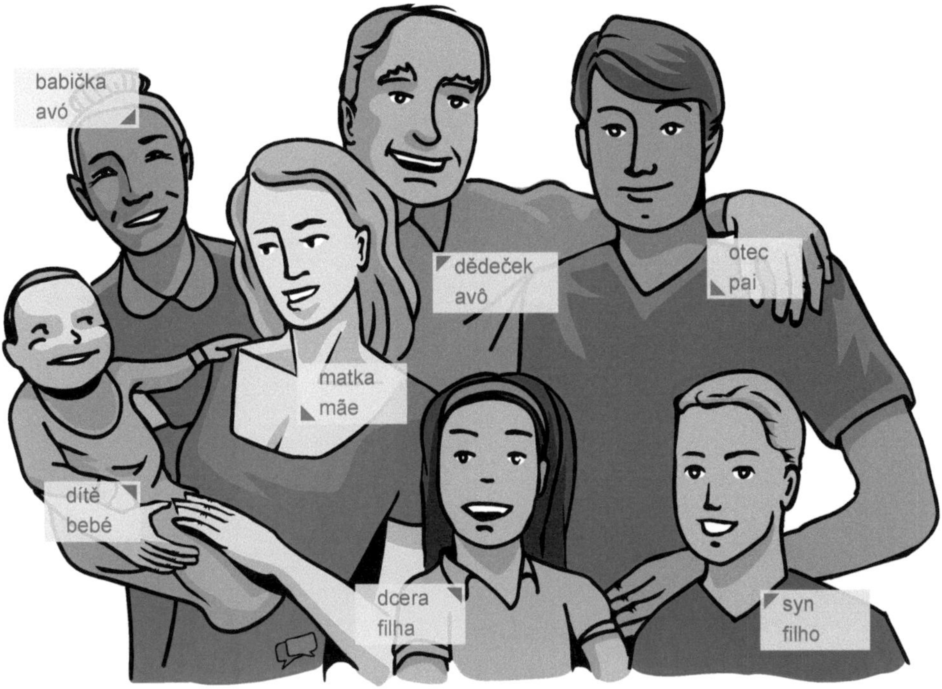

babička
avó
dědeček
avô
otec
pai
matka
mãe
dítě
bebé
dcera
filha
syn
filho

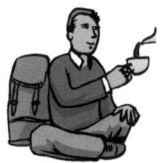

host
convidado

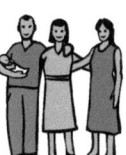

teta
tia

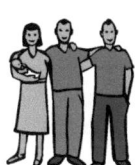

strýc
tio

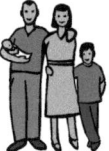

bratr
irmão

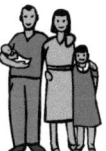

sestra
irmã

tělo

corpo

čelo
testa
oko
olho
rameno
ombro
prst
dedo
obličej
cara
brada
queixo
ruka
mão
dolní končetina
perna
hruď
peito
paže
braço

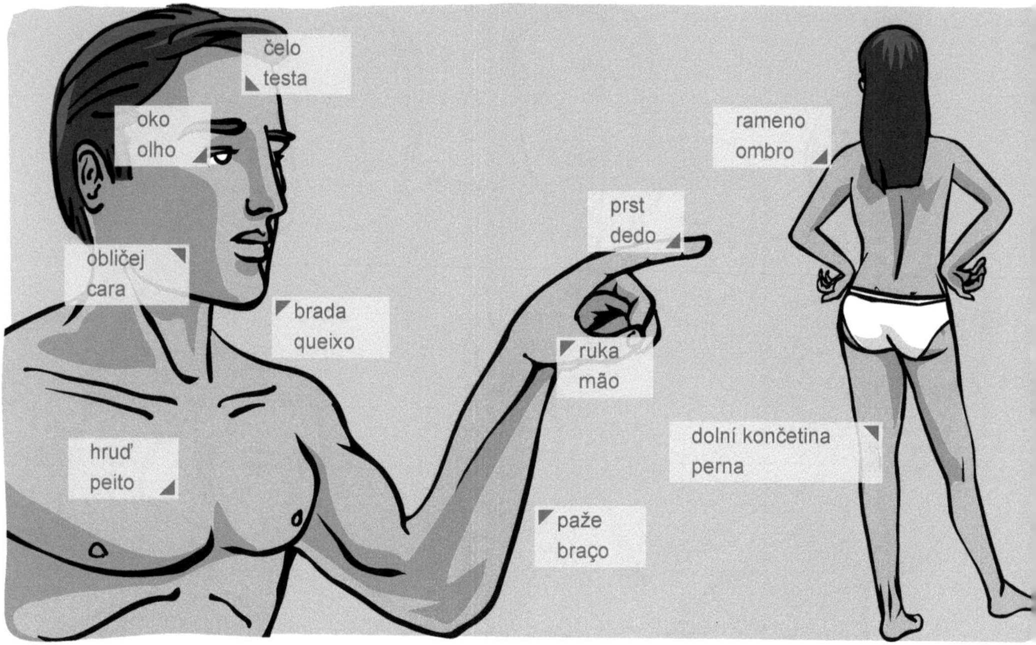

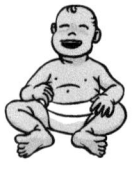

dítě

bebé

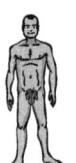

muž

homem

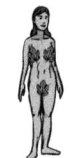

žena

mulher

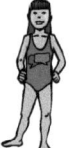

dívka

menina

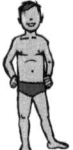

chlapec

menino

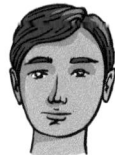

hlava

cabeça

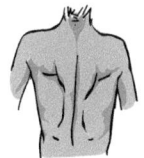

záda

costas

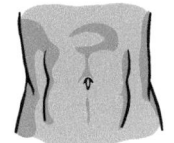

břicho

barriga

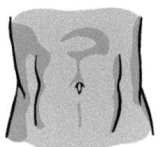

pupík

umbigo

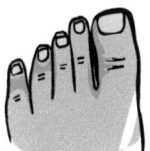

prst na noze

dedo do pé

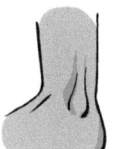

pata

calcanhar

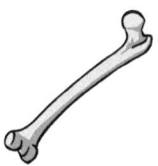

kost

osso

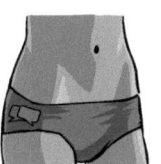

bok

anca

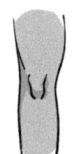

koleno

joelho

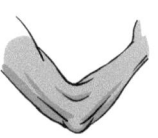

loket

cotovelo

nos

nariz

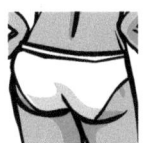

zadek

nádegas

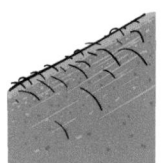

kůže

pele

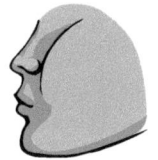

tvář

bochecha

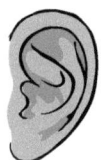

ucho

orelha

ret

lábio

ústa

boca

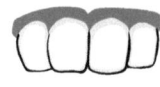

zub

dente

jazyk

língua

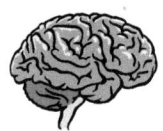

mozek

cérebro

srdce

coração

sval

músculo

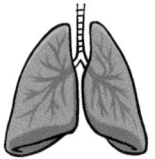

plíce

pulmão

játra

fígado

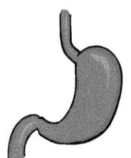

žaludek

estômago

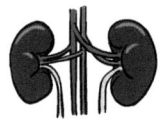

ledviny

rins

pohlavní styk

relações sexuais

kondom

preservativo

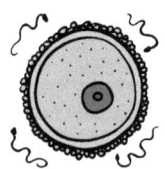

vajíčko

óvulo

sperma

esperma

těhotenství

gravidez

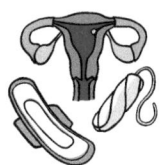

menstruace
menstruação

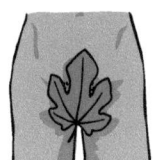

vagina
vagina

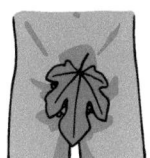

penis
pénis

obočí
sobrancelha

vlasy
cabelo

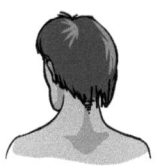

krk
pescoço

nemocnice
hospital

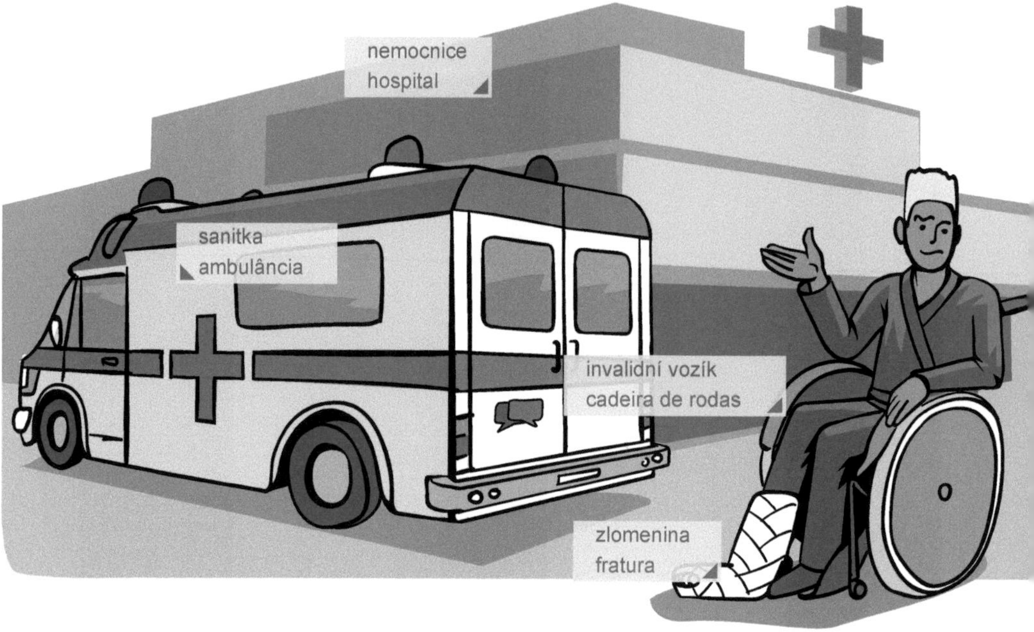

nemocnice
hospital
sanitka
ambulância
invalidní vozík
cadeira de rodas
zlomenina
fratura

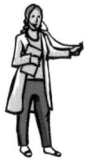

lékař

médico

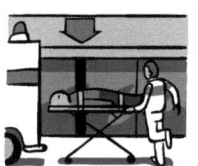

pohotovost

serviço de urgências

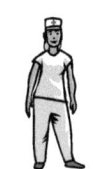

zdravotní sestra

enfermeira

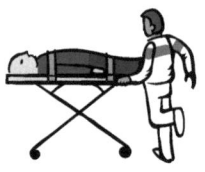

urgentní případ

emergência

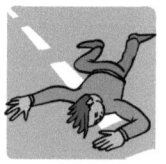

v bezvědomí

inconsciente

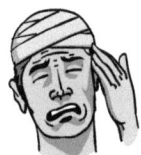

bolest

dor

úraz

ferimento

krvácení

hemorragia

infarkt myokardu

ataque cardíaco

cévní mozková příhoda

acidente vascular cerebral

alergie

alergia

kašel

tosse

horečka

febre

chřipka

gripe

průjem

diarreia

bolest hlavy

dor de cabeça

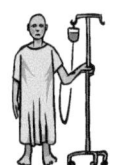

rakovina

cancro

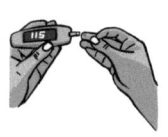

cukrovka

diabetes

chirurg

cirurgião

skalpel

bisturi

operace

operação

CT

CT

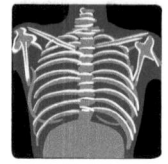

rentgen

raio x

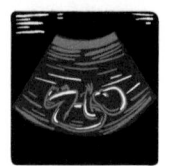

ultrazvuk

ultrassom

maska

máscara

nemoc

doença

čekárna

sala de espera

berle

muleta

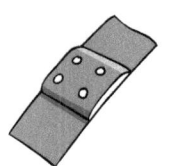

náplast

penso rápido

obvaz

ligadura

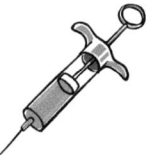

injekce

injeção

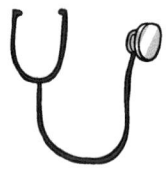

stetoskop

estetoscópio

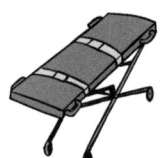

nosítka

maca

teploměr

termómetro

porod

nascimento

nadváha

excesso de peso

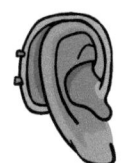

naslouchátko
aparelho auditivo

dezinfekční prostředek
desinfetante

infekce
infeção

virus
vírus

HIV / AIDS
HIV / SIDA

lékařství
medicamento

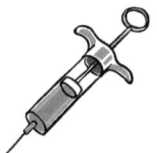

očkování
vacinação

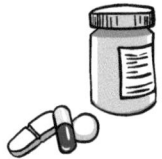

tablety
comprimidos

pilulka
pílula

tísňové volání
chamada de emergência

tonometr
dispositivo de medição de
pressão arterial

nemocný / zdravý
doente / saudável

nemocnice - hospital

Pomoc!

Socorro!

poplach

alarme

přepadení

assalto

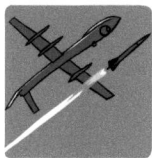

napadení

ataque

nebezpečí

perigo

nouzový východ

saída de emergência

Hoří!

Fogo!

hasicí přístroj

extintor de incêndios

nehoda

acidente

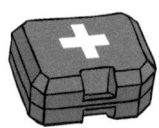

zdravotnická brašna

estojo de primeiros socorros

SOS

SOS

policie

polícia

Evropa

Europa

Severní Amerika

América do Norte

Jižní Amerika

América do Sul

Afrika

África

Asie

Ásia

Austrálie

Austrália

Atlantik

Atlântico

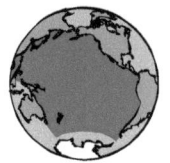

Pacifik

Pacífico

Indický oceán

Oceano Índico

Jižní ledový oceán

Oceano Antártico

Severní ledový oceán

Oceano Ártico

severní pól

Polo Norte

jižní pól

Polo Sul

Antarktida

Antártica

země

terra

pevnina

país

moře

mar

ostrov

ilha

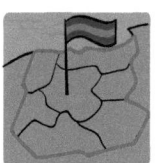

národ

nação

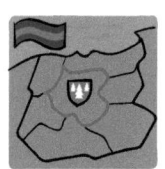

stát

estado

ciferník

mostrador do relógio

hodinová ručička

ponteiro das horas

minutová ručička

ponteiro dos minutos

vteřinová ručička

ponteiro dos segundos

Kolik je hodin?

Que horas são?

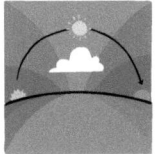

den

dia

čas

tempo

teď

agora

digitální hodinky

relógio digital

minuta

minuto

hodina

hora

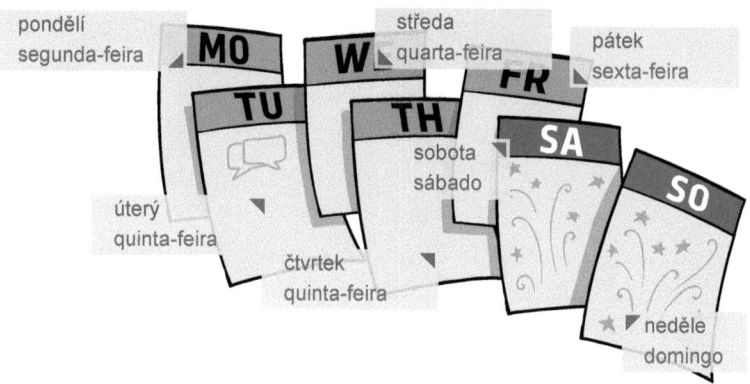

pondělí
segunda-feira

středa
quarta-feira

pátek
sexta-feira

úterý
quinta-feira

čtvrtek
quinta-feira

sobota
sábado

neděle
domingo

včera

ontem

dnes

hoje

zítra

amanhã

ráno

manhã

poledne

meio-dia

večer

entardecer

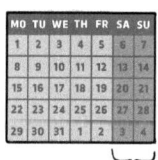

pracovní dny

dias úteis

víkend

fim de semana

rok
ano

déšť
chuva
duha
arco-íris
sníh
neve
vítr
vento
jaro
primavera
podzim
outono
léto
verão
zima
inverno

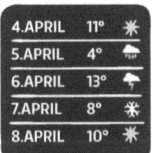

4.APRIL 11°
5.APRIL 4°
6.APRIL 13°
7.APRIL 8°
8.APRIL 10°

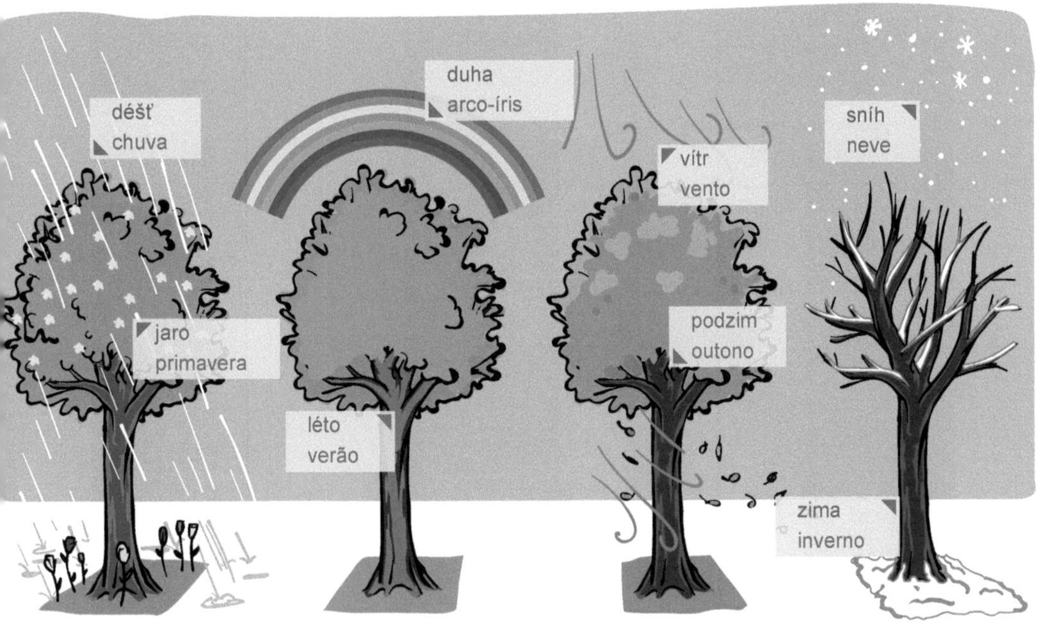

předpověď počasí

previsão do tempo

F C
120 40
90 30
60 20
30 10
0 0
-30 -10
-20

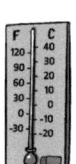

teploměr

termómetro

sluneční svit

raios de sol

mrak

nuvem

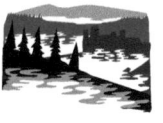

mlha

neblina / nevoeiro

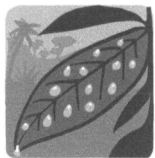

vlhkost

humidade do ar

blesk

relâmpago

hrom

trovão

bouřka

tempestade

kroupy

granizo

monzun

monção

povodeň

inundação

led

gelo

leden

janeiro

únor

fevereiro

březen

março

duben

abril

květen

maio

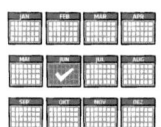

červen

junho

červenec

julho

srpen

agosto

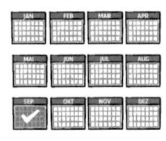

září
....
setembro

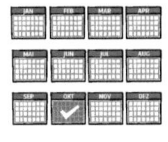

říjen
....
outubro

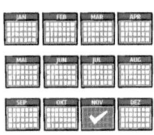

listopad
....
novembro

prosinec
....
dezembro

kruh
....
círculo

čtverec
....
quadrado

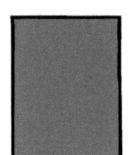

obdélník
....
retângulo

trojúhelník
....
triângulo

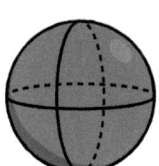

koule
....
esfera

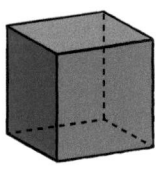

krychle
....
cubo

bílá

branco

žlutá

amarelo

oranžová

laranja

růžová

rosa

červená

vermelho

fialová

lilás

modrá

azul

zelená

verde

hnědá

castanho

šedá

cinzento

černá

preto

hodně / málo

muito / pouco

rozzuřený / mírumilovný

furioso / calmo

krásný / ošklivý

lindo / feio

začátek / konec

princípio / fim

velký / malý

grande / pequeno

světlý / tmavý

claro / escuro

bratr / sestra

irmão / irmã

čistý / špinavý

limpo / sujo

úplný / neúplný

completo / incompleto

den / noc

dia / noite

mrtvý / živý

morto / vivo

široký / úzký

largo / estreito

jedlý / nejedlý

comestível / não comestível

zlý / hodný

mau / gentil

vzrušený / znuděný

entusiasmado / entediado

tlustý / hubený

gordo / magro

nejdříve / naposledy

primeiro / último

přítel / nepřítel

amigo / inimigo

plný / prázdný

cheio / vazio

tvrdý / měkký

duro / macio

těžký / lehký

pesado / leve

hlad / žízeň

fome / sede

nemocný / zdravý

doente / saudável

ilegální / legální

ilegal / legal

inteligentní / hloupý

inteligente / burro

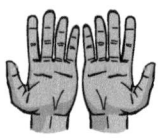

vlevo / vpravo

esquerda / direita

blízko / daleko

perto / longe

nový / použitý

novo / usado

nic / něco

nada / algo

starý / mladý

velho / jovem

zapnutý / vypnutý

ligado / desligado

otevřeno / zavřeno

aberto / fechado

tichý / hlasitý

baixo / alto

bohatý / chudý

rico / pobre

správný / špatný

certo / errado

drsný / hladký

áspero / liso

smutný / šťastný

triste / feliz

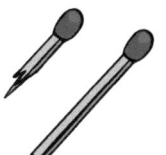

krátký / dlouhý

curto / longo

pomalý / rychlý

lento / rápido

vlhký / suchý

molhado / seco

teplý / chladný

ameno / fresco

válka / mír

guerra / paz

0	**1**	**2**
nula	jedna	dva
zero	um	dois

3	**4**	**5**
tři	čtyři	pět
três	quatro	cinco

6	**7**	**8**
šest	sedm	osm
seis	sete	oito

9	**10**	**11**
devět	deset	jedenáct
nove	dez	onze

12
dvanáct

doze

13
třináct

treze

14
čtrnáct

catorze

15
patnáct

quinze

16
šestnáct

dezasseis

17
sedmnáct

dezassete

18
osmnáct

dezoito

19
devatenáct

dezanove

20
dvacet

vinte

100
sto

cem

1.000
tisíc

mil

1.000.000
milion

milhão

angličtina

inglês

americká angličtina

inglês americano

standardní čínština

chinês mandarim

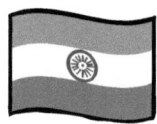

hindština

hindi

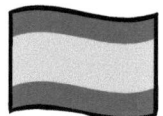

španělština

espanhol

francouzština

francês

arabština

árabe

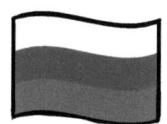

ruština

russo

portugalština

português

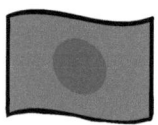

bengálština

bengalês

němčina

alemão

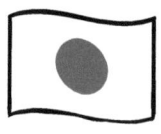

japonština

japonês

já
eu

ty
tu

on / ona / ono
ele / ela

my
nós

vy
vós

oni
eles / elas

Kdo?
quem?

Co?
o quê?

Jak?
como?

Kde?
onde?

Kdy?
quando?

jméno
nome

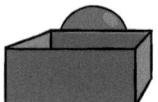

za

atrás

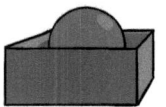

do

em

z

à frente de

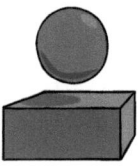

nad

sobre

na

em cima

mezi

debaixo

vedle

ao lado

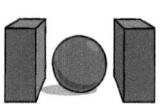

mezi

entre

místo

lugar